DAS SCHWARZ WEISS BUCH

Ein
Handbuch
über
Revolution

Sydney Cook
Garth Lean

Veritas-Verlag
Wien, Passau

Originaltitel: „THE BLACK AND WHITE BOOK“
Erschienen bei Blandford Press, 167 High Holborn, London WC 1V 6 PH
Aus dem Englischen übertragen

Ebenfalls erschienen
auf chinesisch, dänisch, finnisch, französisch, griechisch, holländisch, italienisch, koreanisch, norwegisch, persisch, portugiesisch, spanisch, tigrinisch, türkisch und walisisch

ISBN 3-85329-063-9

Lizenzausgabe der 1972 im Aussaat-Verlag GmbH, Wuppertal, erschienenen deutschen Ausgabe.

Druck: Oberösterreichischer Landesverlag Linz.

INHALT

VORWORT

Was kann das Schwarz-Weiß-Buch für Katholiken bedeuten? Das Büchlein appelliert an die grundlegendsten Gegebenheiten des Katholizismus.

Täglich beten wir: „Dein Reich komme!" Dieses Büchlein zeigt, wie jeder von uns von Gott berufen ist, seinen Anteil beizutragen, um das Kommen des Reiches Gottes zu fördern. Und es gibt die praktischen Wege an, täglich von neuem unseren Beitrag für das Reich Gottes zu leisten durch stilles Gebet, besonders am Morgen, damit wir Gottes Willen für jeden Tag finden können. Dabei gibt die Bergpredigt den Leitfaden für das christliche Leben mit den Maßstäben absoluter Ehrlichkeit, absoluter Reinheit, absoluter Selbstlosigkeit und absoluter Liebe, wie sie im Leben Christi ihren vollkommenen Ausdruck fanden.

Wir werden daran erinnert, daß keiner von uns für Gott nur irgendein „Massenmensch" ist, sondern daß, im Gegenteil, jeder Mensch für Gott ganz einmalig und unersetzlich ist. So wie Gott in seiner Vorsehung einen Gesamtplan für die Welt hat, so hat er einen ganz persönlichen Plan für jeden von uns in seinem Gesamtkonzept.

Wer dieses anregende Büchlein in aller Ehrlichkeit und Ruhe auf sich einwirken läßt, entdeckt, wie er als Christ dazu berufen ist, die größte Revolution aller Zeiten mitzuentfesseln — die Revolution, von der Paulus sagt: „Was kein Auge gesehen hat und kein Ohr gehört hat und in keines Menschen Herz gekommen ist, was Gott bereitet hat denen, die ihn lieben" (1 Kor. 2, 9).

Dies wird uns in knapper, einprägsamer Sprache angeboten, nicht als eine Theorie, sondern als praktische Erfahrung von Tausenden von Menschen der verschiedensten Rassen und Gesellschaftsschichten.

Das Schwarz-Weiß-Buch fordert uns heraus, unser bequemes, oberflächliches Christentum gegen das radikale, revolutionäre Christentum Christi einzutauschen. Dadurch wird „Christus als göttliche Kraft und göttliche Weisheit" (1 Kor. 1, 24) in unserem Leben sichtbar.

Ich bin davon überzeugt, daß das Schwarz-Weiß-Buch in seiner schlichten Ehrlichkeit auch für viele Deutschsprachige Anlaß sein wird, den unvergleichbaren Reichtum des Christentums neu zu entdecken, wie es bereits für viele Tausende in sechzehn anderen Sprachen der Fall war.

Schon Papst Pius XI. hat die Katholiken in der ganzen Welt zu einer „geistigen Aufrüstung“ (Enzyklika „Divini Redemptoris“) aufgerufen. Und was tut der heutige Katholik dazu?

Vorliegendes Büchlein will einen außerordentlichen Anstoß geben, diesen Auftrag der Gegenwart in die Praxis umzusetzen. Es wird auch für manchen Nichtchristen eine Aufforderung sein, die tiefstmenschlichen Werte zur Geltung zu bringen und Gott zu entdecken.

Dr. Bernhard Bot S. J.

DAS DILEMMA

Nur die ganz Blinden und die großen Egoisten sind zufrieden mit der Welt, wie sie ist.

Armut, Hunger, Krieg, Rassenkonflikte schreien nach Lösung.

Der Mensch kann durch den Weltraum fliegen, auf dem Mond spazierengehen, mit Computern rechnen und Herzen verpflanzen. Aber noch selten hat er sich so gefangen gefühlt von Entwicklungen, die er nicht mehr kontrollieren kann.

Die Wissenschaft ermöglicht technische Wunder, aber auch neue Methoden, um die Existenz des Menschen auf diesem Planeten noch zu unseren Lebzeiten auszulöschen.

Die Bevölkerung der Erde wächst jede Woche um beinahe 1,5 Millionen Menschen — aber Seen und Ozeane sterben an Verschmutzung. Gibt es keinen Ausweg aus diesem Dilemma? Ist der Mensch wirklich so hilflos mitten in all dieser von Menschen geschaffenen Macht? Können wir irgend etwas tun?

Wir glauben: Ja. Deshalb haben wir dieses Handbuch geschrieben. Eltern und Schüler, Lehrer und Studenten haben daran mitgearbeitet.

Dieses Buch beruht auf Erfahrung, nicht nur auf Theorie.

Es zeigt eine neue Gesellschaft, die schon im Entstehen ist. Es zeigt, wie du und ich, wie Menschen überall sie miteinander gestalten können.

Was für eine Welt?

Wir wollen eine Welt:

— in der jeder Arbeit, Nahrung und ein Zuhause hat;
— in der Charakter und Geisteshaltung eines Menschen zählen und nicht seine Hautfarbe;
— in der die Industrie dazu dient, die Bedürfnisse der Menschheit zu befriedigen, und nicht dem endlosen Kampf um Kontrolle, Löhne und Profite;
— in der Schulen und Universitäten Freiheit ohne Chaos und Disziplin ohne Diktatur verwirklichen;
— in der kein Mann und keine Frau ausgebeutet — oder angebetet — werden;
— in der die reichen Nationen die sich entwikkelnden unterstützen und respektieren und die großen Völker nicht die kleinen herumkommandieren;
— in der kommunistische und nichtkommunistische Nationen ihre Fehler zugeben und gemeinsam den Aufbau einer gerechten Gesellschaft in die Hand nehmen.

Bloß ein Traum?

Nicht, wenn wir beschließen, ihn zu verwirklichen.

Braucht es dazu eine Revolution?

Ja — eine Revolution, die eine von Selbstsucht freie Gesellschaft errichtet, ohne Millionen unschuldiger Menschen dabei zu vernichten. Eine Revolution, in der jeder seinen Platz hat.

Der Status quo

Viele Menschen wollen keine Revolution. Sie wollen, daß alles so bleibt, wie es ist.

Sie ziehen den *Status quo* vor. Das ist oft nur ein lateinischer Ausdruck für den Schlamassel, in dem wir stecken.

Sie hassen Änderung. Sie mögen zwar gewissenhaft ihren eigenen Lebensunterhalt verdienen, aber ihr Komfort bedeutet ihnen mehr als das Leiden anderer.

Was beweisen sie damit? Daß Marx recht hatte, als er sagte: „Die Bourgeoisie wird zur Bestie, sobald man ihr Geld angreift."? Und daß es nur auf eine Änderung des Systems ankommt?

Einige Völker haben das System geändert. Die Ergebnisse nach jahrzehntelanger harter Arbeit, nach Opfern und Leiden sind enttäuschend.

Die „klassenlose Gesellschaft" wird in der Praxis zu einer Gesellschaft einiger weniger Privilegierter und vieler Nichtprivilegierter. „Brüderlichkeit" gilt für solche, die denen an der Spitze zustimmen. Der Revolutionär wird zum Reaktionär, und wir sind wieder beim *Status quo*.

Permanente Revolution

Um eine permanente Revolution zu erreichen, müssen wir einen Weg finden, Menschen zu erneuern.

Eine Änderung der menschlichen Natur zu erwarten, mag eine reine Glaubenssache sein. Aber zu erwarten, daß sich die Gesellschaft ohne Änderung der menschlichen Natur verändert, ist einfach verrückt.

Che Guevara sagte: „Wenn unsere Revolution nicht die Änderung des Menschen zum Ziel hat, interessiert sie mich nicht." Und Chruschtschow erklärte: „Die Widersprüche in der kommunistischen Gesellschaft haben ihre Ursache in der Unfähigkeit, einen selbstlosen Menschen zu schaffen."

Wirtschaftliche Maßnahmen allein erreichen das Ziel nicht. Schulubin, der alte Kommunist in Solschenizyns *Krebsstation* sagt: „Wir dachten, es sei genug, die Produktionsweise zu verändern – und die Menschen würden sich sofort mit ihnen ändern. Aber wurden sie anders? Kein bißchen. Sie änderten sich überhaupt nicht."

Das Wirtschaftssystem des Westens hat den selbstlosen Menschen allerdings ebensowenig hervorgebracht.

Auch die Gewalt kann das nicht. Sie ändert innerlich niemanden und provoziert nur mehr Gewalt. Der erste Vorsitzende des Deutschen Gewerkschaftsbundes, Dr. Hans Böckler, sagte: „Wenn die Menschen vom Alten und Überlebten befreit werden sollen, dann muß es geschehen, indem sie sich ein neues Ziel geben und Menschlichkeit und moralische Werte in den Vordergrund rücken. Wenn die Menschen sich ändern, ändert sich die Struktur der Gesellschaft, und wenn die Struktur der Gesellschaft sich ändert, ändern sich die Menschen. Beides gehört zusammen, und beides ist notwendig."

Adams Apfel

Menschen können umgewandelt werden. Entscheidend ist, an der richtigen Stelle anzufangen.

Die meisten von uns meinen, die Welt wäre schon in Ordnung, wenn nur die anderen

Menschen anders wären — die Arbeiter, die Unternehmer, die Lehrer, die Eltern oder die Kinder, die Russen, die Amerikaner, die Chinesen, die Schwarzen oder die Weißen.

Seit Adam Eva beschuldigte, weil sie ihm den Apfel gegeben hatte, haben Männer — und Frauen — anderen die Schuld zugeschoben, wenn etwas schief ging. Das führt zu nichts.

Der radikale Revolutionär fängt am anderen Ende an. Er ändert sich selbst so, wie er es bei anderen sehen möchte.

Wo Menschen das getan haben, sind sie oft so anders geworden, daß sie ihre Freunde überrascht und ihre Feinde zu Freunden gemacht haben. Und sie haben ihrer Generation eine neue Richtung gegeben.

Der Apostel Paulus war ein glänzender Intellektueller, ein Anführer bei der blutigen Verfolgung der ersten Christen. Nachdem Christus ihm erschienen war, wurde er einer der zähesten Kämpfer für diesen Glauben und erlitt dafür den Märtyrertod. Dadurch aber änderte er viele Menschen zur selbstlosen Gesinnung; ja er änderte den Lauf der Welt.

Der junge Parlamentarier William Wilberforce hätte Nachfolger seines Freundes Pitt als Premierminister Englands werden können, wenn er das übliche Spiel in der Politik weiter mitgespielt hätte. „Meine eigene Karriere", sagte er, „war mein Lieblingsthema." Stattdessen setzte er sich sein Leben lang ein, um im Kampf gegen mächtige Widerstände den Sklavenhandel in England und seinen Kolonien abzuschaffen und die Korruption in der Politik zu beseitigen.

Mahatma Gandhi war auf dem Wege, ein weiterer erfolgreicher indischer Rechtsanwalt zu werden. Als er aber die Not seiner Mitmenschen erkannte, beschloß er, auf die Jagd nach Reichtum zu verzichten und sein Volk die Kraft des Geistes zu lehren. Damit befreite er sein Land.

Und heute?

Kann es eine Kettenreaktion der Änderung in Menschen geben, die stark genug ist, um dem Gang der Ereignisse eine neue Richtung zu geben?

Diese Kettenreaktion hat schon eingesetzt und geht weiter. Hier ein Beispiel: Irène Laure aus Marseille.

Feindschaft bewältigt

Madame Laures Vater war Bauunternehmer. Als Kind stahl sie ihm Socken, um sie seinen Arbeitern zu geben.

Sie wurde Krankenschwester und heiratete den Matrosen Victor, der Marxist war.

Im Zweiten Weltkrieg war sie eine von denen, die in Südfrankreich die Widerstandsbewegung anführten. Als ihr Sohn von der Gestapo gefoltert wurde, wünschte sie in ihrem Haß, daß jeder Deutsche getötet und Deutschland „von der Landkarte Europas ausradiert" würde. Bei Kriegsende wurde sie Abgeordnete und Generalsekretärin der Sozialistischen Frauen Frankreichs. 1947 besuchte sie eine Konferenz in der Schweiz, die den Wiederaufbau der Einigkeit Europas zum Ziel hatte.

Sie war entsetzt, als sie dort auch Deutsche fand, und packte sofort wieder ihren Koffer. Aber bevor sie abreisen konnte, fragte sie jemand: „Wie können Sie hoffen, jemals Europa ohne die Deutschen wiederaufzubauen?"

Sie blieb und war so aufgewühlt, daß sie drei Nächte lang nicht schlafen konnte.

Eine Stimme in ihrem Innern drängte: Laß deinen Haß los. Er macht dich blind. „Ich brauchte ein Wunder", sagte sie später. „Ich glaubte so gut wie nicht an Gott, aber er wirkte dieses Wunder. Ich bat die Deutschen um Vergebung, nicht für meinen Kampf in der Widerstandsbewegung, aber dafür, daß ich ihre vollständige Vernichtung gewünscht hatte."

Sie ging mit ihrem Mann nach Deutschland, sprach vor zehn der elf Landtage und erreichte Hunderttausende auf Versammlungen und über den Rundfunk. Auf Grund ihres Einsatzes kamen prominente Deutsche nach Frankreich und baten ihrerseits das französische Volk öffentlich um Vergebung für das, was während des Krieges geschehen war.

In den nächsten Jahren trafen mehrere hundert Persönlichkeiten des neuen Deutschlands in Caux, jenem Konferenzzentrum in der Schweiz, mit ihren französischen Kollegen zusammen. Eine Welle der Versöhnung wurde ausgelöst.

Der deutsche Kanzler Adenauer und der französische Premierminister Schuman erklärten, kein einzelner habe so viel für die Versöhnung ihrer Länder nach Jahrhunderten der Feindschaft getan wie Irène Laure.

Mehr als Freiheit

Eine andere Änderung, die weltweite Auswirkung gehabt hat, ist diejenige Rajmohan Gandhis, eines Enkels des Mahatma.

Der Gedanke an seinen berühmten Großvater hielt ihn nicht davon ab, in Delhi mit dem Bus zur Uni „schwarz" zu fahren, obwohl es ihm dabei manchmal ungemütlich wurde.

Als er in Edinburgh Journalistik studierte, wohnte er bei der Familie eines Arztes, deren Einigkeit, Fröhlichkeit und Leidenschaft für die Neugestaltung der Gesellschaft ihn beeindruckten. Hier traf er die revolutionäre Entscheidung, sein Leben für Menschen und die Lösung ihrer Probleme einzusetzen — wo immer es sei.

Ein erster Beitrag zum Aufbau einer ehrlichen Nation war der Scheck, den er den Verkehrsbetrieben von Delhi für die Schwarzfahrten schickte.

Bei seiner Rückkehr nach Indien wurden ihm verlockende Angebote für eine Karriere in Presse und Politik gemacht. Er antwortete: „Als mein Großvater aus Südafrika zurückkehrte, drängte ihn die Familie, als Rechtsanwalt Karriere zu machen. Aber er gab alle privaten Pläne auf, um Indien zu befreien. Heute wartet eine noch größere Aufgabe auf uns: die Welt von Diktatur, Korruption und Krieg zu befreien."

Gandhi mobilisierte Hunderte junger Inder für diese Aufgabe. Er führte einen „Marsch auf Rädern" durch, von der Südspitze Indiens bis nach Neu-Delhi, begründete die Wochenzeitschrift *Himmat* (Mut) und hat inzwischen ein Schulungszentrum in Panchgani, in der Nähe von Bombay, aufgebaut. Der Einfluß dieses Zentrums hat bereits dazu beigetragen, Lösungen für ausweglose Konflikte in Indien und anderen Ländern zu finden.

Die Zeitungen schrieben: „Ein neuer Gandhi ist auf dem Marsch."

Gandhis anderer Großvater, Sri Rajagopalachari, Indiens erster Generalgouverneur nach der Erklärung der Unabhängigkeit, gehörte zu denen, die ihn aufgefordert hatten, eine Stelle anzunehmen. Später sagte er zu ihm: „Du hattest recht, ich hatte unrecht. Dieser Kampf um einen neuen nationalen Charakter ist wichtiger als unser Kampf um die Freiheit, und er ist schwieriger."

DIE MENSCHLICHE NATUR KANN GEÄNDERT WERDEN

Was ist das für eine geheimnisvolle Kraft, die Irène Laure, eine haßerfüllte Frau, umwandelte und den jungen Gandhi auf seinen revolutionären Weg führte? Kann jeder sie finden?

Seit jeher haben die Menschen über die Existenz Gottes gestritten. Einige Wissenschaftler behaupten nach wie vor, die neuesten Entdeckungen weisen darauf hin, daß der Mensch selbst Meister seines Schicksals sei — und höchste Macht.

Andere Wissenschaftler hingegen sagen, jede neue Entdeckung enthülle mehr von dem Wirken eines übernatürlichen Wesens.

Viele Menschen glauben, daß es eine schöpferische Kraft gibt, größer als der Mensch mit all seinen Unzulänglichkeiten — eine Kraft, die dem Leben Sinn gibt und ein Wissen um die Aufgabe, die uns gestellt ist.

Durch die Jahrhunderte hat die Erfahrung gezeigt, daß Gott denen erreichbar ist, die ihn wirklich finden wollen, und daß er durch die Menschen, die an ihn glaubten und seinem Willen zu folgen versuchten, Erstaunliches getan hat.

Wenn wir ihm unseren störrischen Eigenwillen übergeben, kann seine Kraft in uns wirksam werden und die schwierigste menschliche Natur umwandeln. Sie kann unsere Ängste wegnehmen und unsere tiefsten Bedürfnisse befriedigen.

Zu allen Zeiten haben Menschen zu Gott gesprochen und ihre Hoffnungen und Bitten vor ihm ausgebreitet. Aber Menschen haben auch auf ihn gehorcht in dem Glauben, er könne und werde zu ihnen sprechen.

Zur Zeit des Alten Testaments sagte der junge Samuel: „Rede, Herr, dein Knecht hört!" Und die Apostelgeschichte bringt Beispiel um Beispiel, wie die ersten Christen durch Gottes Geist geführt wurden. Abraham Lincoln sagte: „Ich bin gewiß, wenn der Allmächtige will, daß ich etwas tue oder nicht tun soll, findet er auch einen Weg, es mir zu zeigen."

Mahatma Gandhi glaubte an die „innere Stimme" und wünschte, jeder Inder würde auf sie hören.

Dynamik aus der Stille

Auf diese Stimme zu horchen ist die tägliche Erfahrung von Millionen. Es ist ein lohnendes Experiment; jeder kann damit anfangen.

Du kannst es versuchen, ob du an Gott glaubst oder nicht.

Am besten ist es, sich still hinzusetzen und die Gedanken aufzuschreiben, die einem kommen. Gedanken sind flüchtig und verschwinden schnell. Deshalb müssen wir sie festhalten.

Die ersten Gedanken sind vielleicht ganz anders als erwartet. Vielleicht betreffen sie die Aufgabe, die du in der Welt übernehmen sollst. Oder etwas, das schon lange dein Gewissen belastet hat.

Vergleichen wir unser Leben mit den Maßstäben Christi:

— absolute Ehrlichkeit,

— absolute Reinheit,

— absolute Selbstlosigkeit,

— absolute Liebe,

dann kommen uns Dinge in den Sinn, die in Ordnung gebracht werden müssen.

Vielleicht müssen wir Geld zurückzahlen oder Gegenstände zurückgeben, die wir „geliehen" haben; um Entschuldigung bitten für Haß und Eifersucht oder für ein Verhalten, das andere verletzt hat. Vielleicht müssen wir Gewohnheiten aufgeben und falsche Beziehungen abbrechen.

Voraussetzung für den Empfang der Weisungen Gottes ist: ehrlich sein über die Gedanken, die uns kommen, und bereit sein, sie auch auszuführen.

Gott sagt uns nicht, wo wir falsch gehandelt haben, ohne uns auch die Kraft zur Wiedergutmachung zu geben. Es gibt eine Kraft außerhalb von uns, welche alte Gewohnheiten und Schwächen ausrotten kann, von denen wir dachten, daß sie uns ein Leben lang anhaften würden.

Die Kraft Jesu Christi vergibt uns, befreit uns von der Vergangenheit und macht uns zu anderen, neuen Menschen.

Wir können jederzeit horchen, aber eine besonders gute Zeit ist der frühe Morgen, unmittelbar nach dem Erwachen. Fang mit fünfzehn Minuten an, und nimm dir mehr Zeit, wenn du merkst, daß du sie nötig hast.

Der heilige Franz von Sales hielt eine halbe Stunde Horchen für notwendig, „außer wenn man besonders viel zu tun hat, dann braucht man eine ganze Stunde".

Nicht jeder Gedanke, den wir in einer Zeit des Horchens bekommen, ist unbedingt von Gott. Aber wir werden seine Stimme eher hören, wenn wir uns Zeit dazu nehmen, als wenn wir es nicht tun.

Um sicher zu sein, daß die Gedanken nicht unseren eigenen, selbstsüchtigen Wünschen entspringen, können wir sie an den absoluten Maßstäben der Ehrlichkeit, Reinheit, Selbstlosigkeit und Liebe, am Leben Christi, an der Lehre der Kirche prüfen.

Wenn wir jeden Tag mit der Frage anfangen: „Herr, was willst Du, daß ich tun soll?" — und uns auch selbst fragen: „Was kann ich dazu tun, daß alles besser wird?", kommen schöpferische Gedanken, neue Aspekte zur Lösung eines Problems, Ideen, die zu weitreichender Änderung eines Menschen oder einer Situation führen können. Ein Plan für die Schule, die Familie, für die Stadt und das ganze Land. Das Leben wird ein aufregendes Abenteuer.

So wie Guerillakämpfer über Funk ihre Anweisungen empfangen, können wir uns täglich auf den „Oberkommandierenden" einstellen.

Die Gesellschaft vermenschlichen

Überall in der Welt gibt es Menschen, die das tun.

Zu ihnen gehört Conrad Hunte, einer der bekanntesten Kricketspieler und Vizekapitän der westindischen Nationalmannschaft, als sie Weltmeister wurde. Er lernte die Kunst des Horchens von einem australischen Jungen. Der hatte eines Morgens den Gedanken, sein Vater solle Hunte besuchen und ihm von der Erneuerung der Gesellschaft durch die Änderung der Menschen berichten.

Hunte war von der Herausforderung fasziniert. „Dies wird mein größter Test", meinte er.

Er brachte Beziehungen zu bestimmten Menschen in Ordnung, zahlte Geld zurück, das er sich durch Aufrundung der Spesenrechnung zugelegt hatte, und entschuldigte sich bei seinem Vater, den er gehaßt hatte.

Er fand Vergebung, begann ein neues Leben und wurde ein unternehmungslustiger, vergnügter Mensch. Er wurde ausgezeichnet als „der Sportler, der auf dem Spielfeld und außerhalb am meisten zur Verbesserung internationaler Beziehungen beigetragen hat".

Hunte fing an, täglich auf Gott zu hören. 1967 wurde ihm klar, er solle seine Kricketlaufbahn aufgeben und sich ohne Gehalt für die Überwindung des Rassenhasses in England und in der Welt einsetzen. Er bekam es mit der Angst zu tun. Wovon sollte er leben? Würde er die unausweichliche Verfolgung ertragen, wenn er Schwarze und Weiße gleichermaßen herausforderte?

Als er einmal, von dieser Angst getrieben, in London eine Straße entlangging, dachte er plötzlich: „Schau hoch!" Über sich an der Hauswand einer Kneipe sah er die Bierreklame „Take Courage" (bedeutet: Fasse Mut!). Er trat geradewegs in eine Kirche gegenüber und versprach Gott zu gehorchen.

Er sammelte eine Mannschaft von Leuten verschiedener Rassen und ging in 33 englischen Städten, in denen die meisten farbigen Einwanderer leben, an die Arbeit.

Schwarze und Weiße haben sich seiner Überzeugung angeschlossen. In Sheffield begann eine Firma, die das zuvor nie getan hatte, Einwanderer einzustellen, und regte auch andere Unternehmen dazu an. In London akzeptierten Leute von der Black-Power-Bewegung Huntes „besseren Weg zur Gerechtigkeit" und unterließen es, gegen die Ermordung von Martin Luther King wie geplant mit Brandstiftung an öffentlichen Gebäuden zu protestieren.

Inzwischen haben er und seine Mannschaft in Malaysien, Indien, Australasien und in den USA ähnlich arbeitende Gruppen gebildet, die sich aus Angehörigen mehrerer Rassen zusammensetzen.

In seinem Buch *Playing to Win* schreibt Hunte: „Menschen, die am meisten gelitten haben, können am meisten dazu beitragen, die Gesellschaft zu vermenschlichen.

Hautfarbe ist eine Tatsache. Wir wurden als Weiße, Gelbe, Braune oder Schwarze geboren. Ich wurde als Schwarzer geboren. Dazu konnten wir nichts tun. Wir können aber zeigen, wie verschiedene Rassen in einem Lande miteinander leben können, ungeachtet von Rasse, Religion, Sprache und Herkunft.

Das ist möglich, wenn wir uns dazu entschließen.

Haß schadet dem Hassenden noch mehr als dem Gehaßten, denn er macht den Menschen unfähig, gegen die Ursachen seines Hasses zu kämpfen.

Aber Haß kann geheilt werden. Ich weiß das, weil ich es selbst erfahren habe."

„Student Power" — neuer Stil

Wenn wir beschließen, uns zu ändern, werden wir zu einem Teil der Heilung unserer Gesellschaft. Wir brauchen nicht zu warten, bis wir vollkommen sind. Sonst müßten wir ja endlos warten! Wir können aber damit anfangen, die Probleme um uns herum in Angriff zu nehmen.

In der indischen Stadt Madras gab es im Februar 1971 einen Konflikt in den Standard-Autowerken. Die Fabrik war schon seit neun Monaten geschlossen. Die Familien der 1700 Arbeiter waren dem Verhungern nahe.

Einige Studenten brannten darauf, etwas zu tun, um aus dieser Sackgasse herauszukommen. Sie nannten sich die „dynamische Gruppe".

Sie hatten keinerlei Erfahrung auf dem Gebiet der Industrie und keine Lösungen anzubieten. Aber sie hatten den Gedanken erprobt, daß man Probleme lösen kann, wenn man sucht, *was recht ist,* anstatt darum zu streiten, *wer recht hat.*

Zuerst besuchten sie den zuständigen Industrieminister, entschuldigten sich für ihre frühere arrogante Haltung ihm gegenüber und sagten, sie würden gern bei der Lösung des Konflikts mithelfen. Der Minister erklärte, daß bereits jeder bis zum Premierminister dasselbe versucht habe und gescheitert sei.

Dann wandten sie sich an die Arbeiter. Die begrüßten sie mit den Worten: „Wo seid ihr die ganzen neun Monate gewesen? Ihr hättet früher kommen sollen."

Die Direktoren wollten sie nur für fünf Minuten empfangen, behielten sie aber für eine Stunde da und waren am Ende bereit, den Arbeitern neue Bedingungen anzubieten.

Der Rechtsberater der Gewerkschaft machte seinerseits neue Vorschläge. Die Studenten wurden eingeladen, an den wiederaufgenommenen Verhandlungen teilzunehmen. Eine Woche später meldete die *Times of India* die Wiedereröffnung der Standard-Autowerke unter der Schlagzeile: „Student Power — neuer Stil."

The Economic Times in Bombay schrieb am 19. Februar 1971:

„Dies ist vielleicht das erste Mal, daß ein größerer Industriekonflikt in unserem Land durch den Einsatz von Studenten geschlichtet wurde."

Aber die Studenten selber erklärten: „Wir haben nur versucht, den verschiedenen Seiten zu helfen, selber Lösungen zu finden. Wir empfanden dies als unsere soziale Verantwortung."

Schule und Gesellschaft

Manche Leute versuchen, die Schule zu einem Schlachtfeld zu machen. Schüler werden dazu angespornt, für die „Freiheit" zu kämpfen, und Lehrer werden dazu gedrängt, auf der „Autorität" zu bestehen.

Aber wir haben entdeckt, daß in der Schule Schüler und Lehrer gemeinsam die Kunst lernen können, die menschliche Natur zu ändern. Hier können sie mehr von der Disziplin lernen, die wir alle brauchen, wenn wir gegen das Unrecht in der Gesellschaft angehen und uns nicht nur an den Status quo anpassen wollen.

Lehrer neigen zu der Meinung, daß Ehrlichkeit über ihre eigenen Fehler einen Verlust der Autorität zur Folge haben müsse. In Wirklichkeit erhöht Ehrlichkeit die Achtung voreinander und die Kameradschaft und kann erstaunliche Folgen haben.

Eine Londoner Lehrerin besprach in ihrer Klasse Gegenwartsfragen. Die Schüler waren vom Krieg und der Hungersnot, die sie im Fernsehen gesehen hatten, erschüttert. Sie kamen zum Schluß, daß nichts je anders werden würde, solange nicht die Menschen aufhörten, selbstsüchtig und unehrlich zu sein.

Darauf sagte die Lehrerin, sie hätte selber oft etwas aus dem Laden ihres Vaters gestohlen und sei noch vor kurzem einmal unehrlich gewesen. Das habe sie inzwischen wiedergutgemacht. Die Klasse war sehr interessiert. Mehr als die Hälfte der Schüler gab spontan zu, sie hätten auch schon etwas gestohlen. In den folgenden Wochen sparten alle — bis auf einen — Geld und zahlten es an die betreffenden Geschäfte, an Eltern und Freunde zurück.

Ein anderes Mal sprach die Klasse über den Krieg. Die Schüler meinten, daß Haß und Eifersucht die Ursache dafür seien. Die Lehrerin erzählte, wie oft sie selbst eifersüchtig oder überheblich sei. Wie soll der Krieg in der Welt aufhören, wenn er in den Schulen und zu Hause weitergeht?

Die Schüler brauchten nicht viel Zeit, die Namen derjenigen aufzuschreiben, die sie nicht mochten — und ebensowenig Zeit, um mit ihnen wieder klarzukommen.

Das Ergebnis war, daß die Cliquenwirtschaft in der Klasse aufhörte. Ein neuer Geist breitete sich in der Schule aus.

Aus diesen Erfahrungen heraus schrieb die Klasse ein Theaterstück, das Menschen und Völkern einen Weg zur Einigkeit zeigen wollte. Sie luden den Bürgermeister, Eltern, Polizei und die Bevölkerung dazu ein. Ihr Parlamentsabgeordneter interessierte sich für ihre Arbeit. „Wir müssen versuchen", sagte ein Schüler, „unseren Stadtteil zu einem Modell für die Zukunft unseres Landes zu machen."

Aus einer süddeutschen Stadt berichtet ein Lehrling: „Ich hatte schon zwei Lehrstellen vorzeitig beendet, war aus zwei Fürsorgeheimen ausgebrochen, hatte schon Drogen genommen und war noch nicht mal 17 Jahre alt." Er traf einen Freund, der diese Ideen erprobt hatte. „Ich erfuhr gleich am ersten Abend eine große Herausforderung", sagte er. „Mein erster klarer Gedanke war, ich sollte die Zigaretten aufgeben. Diese Handlung war nicht weltbewegend, aber für mich von großer Bedeutung, denn ich stellte fest, daß ich noch Entschlüsse fassen konnte. Im ersten Brief an meine Mutter entschuldigte ich mich dafür, daß ich meine kleinere Schwester immer ausgelacht hatte beim Tischgebet. Ich entschuldigte mich im Fürsorgeheim und bei meinen Lehrern. Wieder zu Hause angekommen, wurde vieles anders. Ohne diese Ideen wäre ich sicherlich Strandgut irgendwo und ohne Hoffnung geblieben."

Gewinne deinen Lehrer

In immer mehr Schulen fällt die Mauer zwischen Lehrern und Schülern, und auf beiden Seiten werden ungenutzte Fähigkeiten entdeckt.

Eine Gymnasiastin aus Bern schreibt:

„Ich hatte einmal mit einer Lehrerin, mit der wir alle in der Klasse nicht gut auskamen, solchen Krach, daß sie während der Stunde das Schulzimmer verließ. Am nächsten Morgen dachte ich darüber nach. Ich schrieb auf: Entschuldige dich bei ihr für dein Benehmen, und sprich mit ihr über ihr Verhältnis zu unserer Klasse. Zu meiner großen Überraschung gestand mir die Lehrerin, daß sie vor unserer Klasse Angst habe. Als Resultat unseres Gesprächs hatte sie den Mut, sich bei uns für ungerechte Noten zu entschuldigen und sie zu streichen.

Dies hat mir gezeigt, daß auch wir Schüler den Lehrern gegenüber eine Verantwortung tragen."

Eine Schweizer Gymnasiallehrerin machte folgende Erfahrung: „Ich mußte eine sehr vernachlässigte und schwierige Klasse übernehmen. Mir kam immer wieder derselbe Gedanke: Sorge für jeden einzelnen in der Klasse, besonders aber für den schwierigsten Jungen.

Eines Tages kam alles aus ihm heraus. Er erzählte mir, daß er ein uneheliches Kind sei und darum verbittert und voller Haß gegen die Stiefeltern. Außerdem komme er von pornographischen Büchern nicht los. Er sei so verzweifelt, daß er schon daran gedacht habe, sich das Leben zu nehmen. Ich erzählte ihm, wie ich im eigenen Leben schon vieles in Ordnung bringen mußte, und schlug vor, einen Augenblick nachzudenken.

Zu seinem und meinem Erstaunen kamen ihm Ideen, die seiner Lage eine Lösung brachten. Denn als er sie ausführte, entstanden in seiner Familie neue Beziehungen, und seine Schulleistungen verbesserten sich rapide. Die ganze Klasse wurde von dem neuen Geist angesteckt. Sogar der Direktor erkundigte sich, was mit dem Jungen geschehen sei.

Für uns alle war er ein Beispiel dafür, daß die menschliche Natur anders werden kann und daß sich in der Folge auch die Gesellschaft verändern wird."

Hier ein Erfahrungsbericht einer englischen Lehrerin, die an einer Gesamtschule unterrichtet:

„Ich begriff, daß ein neuer Geist bei mir und meiner Einstellung zum Unterricht anfangen mußte. Zuallererst mußte ich lernen, niemanden nach dem ersten Eindruck zu beurteilen. In jedem Jungen und jedem Mädchen gibt es verborgene Quellen.

Nehmen wir John. Er war fünfzehn Jahre alt, saß ganz hinten in der Klasse und schien wirklich dumm zu sein. Er war unglaublich faul und wollte die Schule verlassen.

Eines Tages beschloß er zu prüfen, wie sein Leben, gemessen an den absoluten Maßstäben der Ehrlichkeit, Reinheit, Selbstlosigkeit und Liebe, aussah. Danach entschuldigte er sich für seine Mogelei bei einer Prüfung, brachte gestohlene Bücher in die Bibliothek zurück und wurde mit seinem Vater ehrlich, den er oft angelogen hatte. Er beschloß auch, jeden Morgen auf Gott zu hören. In kurzer Zeit wurde er Klassenbester. Er machte später ein erstklassiges Diplom und ist jetzt Dozent an einer Universität.

Änderung ist ansteckend, und andere Jungen kamen zu John, um bei ihm Hilfe zu finden.

Ich denke an Alan. Er hatte eine große Begabung für Sprachen. Kurz vor dem Abitur fing er plötzlich an zu stehlen und ließ in seiner Arbeit sehr nach. Er sprach mit John und gestand ihm, daß er schon eine ganze Zeit als Homosexueller ‚auf den Strich' gegangen war. Er beschloß, Gott die Führung seines Lebens zu übertragen. Er gewann einen vollständigen Sieg über seine Schwäche und schloß später sein Examen an der Universität mit Auszeichnung ab."

Arbeit für Arbeitslose

Diese Kunst, Menschen zu einer inneren Erneuerung zu führen, ist das wertvollste, was ein Mensch lernen kann. Sie ist die Mindestausrüstung für jeden Beruf in der neuen Gesellschaft — in der Fabrik, im Büro, in den akademischen Berufen oder in der Politik.

Politik, heißt es, sei die Kunst des Möglichen, aber staatsmännisches Verhalten macht morgen möglich, was heute noch unmöglich scheint. Menschen ändern erreicht genau dasselbe.

Beispielsweise die Überwindung von Arbeitslosigkeit. In Dänemark waren in den dreißiger Jahren mehr als 20 Prozent aller Berufstätigen arbeitslos. Die politische Rechte, sagte man, benutzte die Lage, um die Arbeiter einzuschüchtern, die Linke, um die Verbitterung im Volk noch mehr zu schüren. Arbeiter schoben den Unternehmern die Schuld zu und umgekehrt. Beide beschuldigten die Regierung, und das Volk beschuldigte alle drei. Die Marktforscher sprachen von „Tendenzen der Weltwirtschaft".

Ein atheistischer Rechtsanwalt machte das Experiment, sein Leben Gott zur Verfügung zu stellen. Ihm kam der Gedanke. „Die Antwort auf Arbeitslosigkeit ist Arbeit. Jeder hat die Aufgabe, Arbeit für andere zu finden."

Er sprach darüber mit einem Unternehmer, einem Landwirt, dem Herausgeber einer Zeitung und anderen. Gemeinsam verpflichteten sie sich, gegen die Arbeitslosigkeit anzugehen. Sie begannen in ihrem eigenen Bezirk. Unter bedeutenden Opfern stellte jeder von ihnen Leute ein und veranlaßte andere Unternehmer, dasselbe zu tun. Als es ihnen gelungen war, die Arbeitslosigkeit an einigen Orten zu beseitigen, gingen sie zum Ministerpräsidenten, berichteten von ihren Ergebnissen und fragten, ob er ihnen helfen könnte, den Versuch aufs ganze Land auszuweiten.

Der Ministerpräsident staunte. „Wir haben auf der sozialen Ebene mancherlei erreicht", meinte er, „und ich hatte gehofft, daß gesellschaftliche Veränderung die Menschen zur Verantwortung erziehen würde. Was wir brauchen, ist die Änderung der Einstellung, wie Sie sie gefunden haben." Er nannte die Namen von großen Unternehmern, Gewerkschaftsführern, Landwirten und anderen, die — falls sie gemeinsame Sache machen würden — das Problem lösen könnten.

„Gelingt es Ihnen, sie dazu zu veranlassen, dann haben Sie sehr viel erreicht. Und Sie werden den Ball ins Rollen bringen", sagte er. Sie hatten Erfolg. Eine nationale Vereinigung zum Kampf gegen die Arbeitslosigkeit — Landsforeningen til Arbejdslöshedens Bekämpelse (LAB) — wurde gegründet.

Sie zerlegte das riesige „Ungeheuer" Arbeitslosigkeit in lauter kleine Stücke. Überall wurden örtliche Ausschüsse gegründet, und jede Stadt hatte die Verantwortung, für alle Einwohner Arbeit zu finden.

Bis 1939 war der Prozentsatz an Arbeitslosen auf 18,4 und 1944 bis auf 4,7 gesunken (ein geringer Teil dieser Abnahme ist auf einen Wechsel statistischer Methoden im Jahre 1941 zurückzuführen), obwohl Dänemark neutral wurde und seine Wirtschaft durch den Krieg wenig Aufschwung erhielt.

Während des Krieges versuchten die Nazis immer wieder, Dänen zur Herstellung von Munition nach Deutschland zu holen. Die LAB verhinderte dies dadurch, daß mehr Arbeitsplätze im Land geschaffen wurden.

Der dänische Premierminister erklärte, daß die LAB nicht nur wesentlich dazu beigetragen habe, die Arbeitslosigkeit zu beseitigen, sondern auch ein einigender Faktor im Lande gewesen sei. Wo menschliche Weisheit versagt hatte, siegte Gottes Inspiration.

Wohnung für Obdachlose

Zu Beginn der sechziger Jahre lebten 1,200.000 Menschen in Favelas — Elendsvierteln — in und um Rio de Janeiro. Verschiedene Regierungen wollten diese Slums sanieren, aber wenig wurde getan. Auch die Favelados selbst waren mißtrauisch und machten nicht mit.

Dann stieß José de Almeida Neto, Vorsitzender eines Favelabezirkes, auf diese Revolution. Er und zehn andere Favelavorsitzende fanden darin eine gemeinsame Basis — und neue Hoffnung. Sie suchten den Gouverneur des Bundesstaates auf, dessen Hauptstadt Rio ist, und sagten: „Wir in den Favelas stellen nicht nur eine Million Probleme dar, sondern haben zwei Millionen Hände, um die Probleme lösen zu helfen.“

Der Gouverneur bildete darauf einen Ausschuß für sozialen Wohnungsbau, in dem die Vorsitzenden der Favelas eine verantwortungsvolle Rolle spielten. Neue Siedlungen entstanden.

Die Männer, die den Glauben an die Möglichkeit einer raschen, gewaltlosen Revolution gefunden hatten, gaben ihre Hoffnung an andere Favelados weiter. Einer war Euclides da Silva, damals Vorsitzender einer Gruppe von Favelabezirken mit 65.000 Einwohnern in einem Vorort von Rio. Es wurde ihm bewußt, daß er 546 Familien in seiner Favela, die Elektrizität durch ihn bezogen, ausbeutete, indem er 11 Cruzeiros pro Kilowattstunde von ihnen verlangte, während sie ihm nur zu 4 Cruzeiros berechnet wurde. Er gestand ihnen seine Unehrlichkeit und trat von seinem Amt zurück. Die Favelados wählten ihn wieder, und von da an verlangte er von ihnen vier Cruzeiros pro Kilowattstunde, zuzüglich eines kleinen Prozentsatzes des Strompreises für allgemeine Unkosten.

Euclides versöhnte sich mit Anfilofilo, der dreimal versucht hatte, ihn umbringen zu lassen. Zusammen besuchten sie Dutzende von anderen Favelas, um dort ihre Erfahrung weiterzugeben. „Wir haben unsere Menschenwürde wiedergefunden, indem wir nicht nur die Politiker, sondern auch uns selbst einer moralischen Prüfung unterzogen", sagte Euclides.

Heute sind schon mehr als ein Drittel der Favelas in diesem Bundesstaat verschwunden, und für weitere Zehntausende von Favela-Familien wurden bessere Wohnverhältnisse geschaffen. Die Regierung hat jetzt eine große Aktion eingeleitet, um die Elendsviertel im ganzen Land zu beseitigen.

Luiz Pereira, früher Vorsitzender der Sao Joao Favela, lebt jetzt in einer neuen, sauberen Wohnung nur zirka zwei Kilometer von seiner alten Bretterbude entfernt. „Neue Häuser zu bauen ist nur ein Teil der Lösung", sagt er. „Wir müssen eine echte Gemeinschaft aufbauen. Das tun wir und können auf diese Weise vielen, die in wohlgeordneten Vorstädten aufgewachsen sind, ein Beispiel geben."

Schwarz und Weiß

Ein Grund, warum die Menschen in diesen Berichten freie Menschen wurden, liegt darin, daß sie ehrlich wurden. Sie machten sich kein X für ein U vor und nannten Sünde Sünde.

Manche Leute behaupten, es gebe gar keinen Unterschied zwischen Gut und Böse, Schwarz und Weiß, sondern nur verschiedene Schattierungen von Grau.

Wir glauben, daß es etwas in uns gibt, das Recht und Unrecht unterscheiden lehrt, wenn wir es wissen wollen.

Es hat nichts mit Mitgefühl zu tun, wenn wir so tun, als ob Unrecht Recht sei — bei uns oder bei anderen. Wenn wir es doch tun, kann das Unrecht niemals beseitigt werden, und die Menschen werden dazu verdammt, in dem daraus folgenden Elend zu leben.

Wenn wir das Böse direkt anpacken, ist es möglich, an die Wurzel des Problems zu gelangen und Vergebung und Freiheit zu finden.

Manche halten absolute Maßstäbe für sinnlos, „weil man sie ja doch nicht erreichen kann". Gerade darin liegt ihr Wert! Sie sind wie der Polarstern. Kein Schiff hat je diesen Stern erreicht, und doch prüfen die Seefahrer Position und Richtung, indem sie sich an ihm orientieren.

Ohne einen objektiven Bezugspunkt verlieren die Menschen ihren Weg. Dann vergleichen sie sich mit ihren Nachbarn und kommen zu dem Schluß, daß sie auf alle Fälle so gut sind wie die meisten anderen — oder womöglich noch besser — und ändern ihre Lebensweise überhaupt nicht.

Christus sagte: „Ihr sollt vollkommen sein wie euer Vater im Himmel."

DER REVOLUTIONÄRE MENSCH

Der wahre Revolutionär setzt sich leidenschaftlich für das ein, was getan werden muß, und läßt sich nicht abschrecken, wenn die Leute sagen, es sei unmöglich.

Er läßt sich weder von Angst noch von Schmeichelei bestimmen; man vertraut ihm, weil er die Wahrheit sagt.

Er sieht die anderen, wie sie sein könnten, und hilft ihnen, ihr Bestes zu geben.

Er haßt das Übel, aber nicht den Übeltäter.

Er lehnt relative Moralmaßstäbe ab, mit denen die Menschen rechtfertigen, was sie selber als falsch erkennen.

Er ist für absolute Maßstäbe, die wie ein Laserstrahl durch die Fäulnis in unserer Zivilisation schneiden.

Er hat im eigenen Leben soweit als möglich alle Fehler wiedergutgemacht und möchte nun das Unrecht in der Welt überwinden helfen.

Damit er diese Aufgabe übernehmen kann, läßt er sich von nichts gefangennehmen — weder von Drogen, Sex oder Porno, noch von Geld, Macht oder Haß.

Deshalb kann er anderen helfen, ebenfalls frei zu werden, damit sie am Aufbau einer neuen Welt mitarbeiten können.

Rauschgift

„Die Älteren trinken, werden ‚high' und fühlen sich großartig", schreibt die Untergrundzeitung *International Times*. „Und ihr nehmt was anderes und werdet ‚high', und sie spucken auf euch."

Alkohol, Tabak, LSD, Heroin sind gleichermaßen Rauschgifte. Die einen sind gefährlicher als andere. Und noch etwas: Wenn du von einem dieser Gifte abhängig bist, wirst du nie jemandem helfen können, der Sklave eines anderen ist.

Es gibt gegenwärtig z. B. in der Bundesrepublik Deutschland mehr als 600.000 Alkoholiker. Sie ruinieren nicht nur ihr eigenes Leben, sondern oft genug auch das ihrer Familien.

Heroin ist, wie man weiß, ein schneller Töter. Von LSD kann man nach dem Urteil des *British Medical Journal* „mit Sicherheit sagen", daß es ein potentielles Risiko für den Verstand des Verbrauchers bedeutet und „zugleich Abnormitäten der Chromosomen, Mißgestaltung des Embryos und möglicherweise Leukämie verursacht". Tatsächlich gefährden wir nicht nur uns selbst, sondern auch unsere Kinder.

Von Hasch (Marihuana) weiß man heute, daß es zur Bildung schädlicher Substanzen im Körper führt. Dauernder Gebrauch kann zu

Gehirnschäden führen, wie sie sonst nur bei Schädelverletzungen und schweren Gehirnerkrankungen auftreten. Dies stellten zwei bekannte deutsche Neurologen auf Grund von Untersuchungen an jugendlichen Drogenkonsumenten fest.

In einer deutschen Großstadt hat ein Drittel der Jugendlichen zwischen 13 und 21 Jahren — das sind 18.000 Personen — bereits Haschisch, Opium oder LSD genommen, mehr als die Hälfte zählt zu den potentiellen Konsumenten.

Manche Leute fordern, man solle den Gebrauch von Haschisch legalisieren, da diese Droge nicht so gefährlich sei wie Alkohol. Aber warum soll man sich mit einer Substanz vergiften, nur weil es Leute gibt, die sich bereits mit einer anderen vergiften? Andere behaupten, daß Rauschgift die künstlerische Ader entwickle. Der Dichter W. H. Auden schreibt darüber: „Wer meint, er werde durch die Einnahme von Drogen künstlerische Erfüllung finden, muß sich auf eine Hölle von Enttäuschung gefaßt machen. Rauschgift als kürzester Weg zu Gott ist genauso vollkommener Unfug."

Aber die Kraft Gottes kann die Macht der Drogen im Leben eines Menschen brechen und ihn frei machen.

Ein militanter Student, der vor einiger Zeit den Rektor seiner Universität entführte und ihn einer feindlichen Studentenversammlung aussetzte, sagte: „Unser Ziel war soviel Gewalttätigkeit wie möglich. Wir nahmen täglich Rauschgift. Meine Familie hatte mich aufgegeben.

Das gefiel mir. Ich wollte auch sie ruinieren. Ich hielt das für sehr revolutionär, obwohl ich zugeben muß, daß während des ganzen Jahres durch meine Aktivitäten nichts wirklich anders wurde. Es ist nicht besonders originell, mit einem Messer herumzulaufen und ein zügelloses Leben zu führen."

Dann begann seine Familie mit dem Experiment, auf Gott zu hören. Sein Vater entschloß sich, selber das Rauchen aufzugeben, anstatt seinem Sohn wegen des Rauschgifts Vorwürfe zu machen.

„Das traf mich und gab mir den Mut, mit den Drogen aufzuhören. Ich fand ein neues und schöpferisches Leben", sagte der Student. Mehrere seiner Freunde fanden die gleiche Freiheit wie er.

Sex

„Eine Gesellschaft, die alles erlaubt" — das ist einfach eine neue Formel für ein altbekanntes Spiel.

Die alten Griechen spielten es schon. Die Römer auch. Es war ein Grund für den Zusammenbruch ihrer Zivilisation.

Die Russen versuchten es damit in der Frühzeit ihrer Revolution. Feste Ehen und Familienleben waren „out". Versuchsehen, kurzfristige Scheidungen, leicht zugängliche Abtreibungen waren „in".

In einer Zeitspanne von wenigen Jahren wurden nach dem Urteil des Professors für Soziologie an der Universität Harvard, Sorokin, Millionen Menschenleben ruiniert. „Das Totalergebnis war so entsetzlich, daß die sowjetische Regierung sich gezwungen sah, die entgegengesetzte Richtung einzuschlagen."

Der englische Geschichtsforscher A. J. Toynbee teilt die Menschheitsgeschichte in 21 Hochkulturen ein. 16 davon sind durch Verweichlichung und Überbetonen des Geschlechtlichen zugrunde gegangen.

Wir haben die Freiheit zu wählen, wofür wir leben wollen.

Entweder unter dem Zwang von Onanie, Pornographie und der endlosen Sucht nach Sex in jeder möglichen und unmöglichen Form.

Oder aber dafür, unsere Energie, unsere Begabungen und unsere Phantasie für die Neugestaltung der Gesellschaft einzusetzen.

Beides zugleich geht nicht.

Glücklicherweise kann die göttliche Macht, die uns mit all unseren Instinkten und Begierden geschaffen hat, uns auch die Fähigkeit geben, diese zu kontrollieren.

Einschließlich Sex.

Sex ist ein natürlicher Teil des Lebens, aber nur ein Teil. Er ist nicht dazu da, uns zu beherrschen und über alles zu beschäftigen und braucht das auch nicht. Der Revolutionär kann Gottes Willen finden — für diesen Teil des Lebens wie für jeden anderen.

Sex nach Belieben in und außerhalb der Ehe, auf Bestellung, überall und jederzeit, um einen Drang zu befriedigen, befriedigt faktisch nicht.

Es führt zu einem Verlangen nach mehr, das niemals befriedigt werden kann. Es zerstört Vertrauen — reißt Familien auseinander — tötet das Gewissen.

Übrigens ist auch das Märchen, Geschlechtskrankheiten seien kein Risiko mehr, inzwischen geplatzt. In England gibt es jedes Jahr 150.000 neue Fälle. Einige Erreger dieser Krankheiten sind inzwischen resistent gegen alle bekannten Heilmittel.

Unter der Herrschaft von Sex werden die Menschen selbstbezogen. Sie kümmern sich immer weniger um andere und besonders wenig um die, die in wirklicher Not sind.

Wenn man klar lebt, sind Verstand und Phantasie frei, die Probleme der Welt in Angriff zu nehmen.

Eva, ein Mädchen aus Schweden, schreibt: „Reinheit gibt ein Feuer und eine Fröhlichkeit, die man nicht künstlich auflegen muß. Sie befriedigt tief im Innern, und ich glaube, das ist normales Leben. Läßt man sich gehen, so ist man nie zufrieden und will immer mehr.

Was macht man, wenn Versuchungen kommen? Meine Erfahrung ist, daß ich dreierlei tun kann. Ich kann aufgeben und fallen. Ich kann versuchen, mit meiner eigenen Kraft durchzukommen. Oder ich kann mich an Gott wenden und so den Kampf gewinnen.

Wenn ich das tue, sagt er mir stets, daß ich mein Herz weiter öffnen und für mehr und mehr Menschen sorgen soll. Reinheit und Fürsorge für andere gehören in meinem Leben zusammen. Deshalb glaube ich, daß Reinheit fortschrittlich ist. Sie ist die Antwort auf die Dekadenz in unserem Land und gibt uns die Leidenschaft dafür, den Hunger in den Entwicklungsländern zu beseitigen."

Das beste Verhütungsmittel ist das Wort „Nein". Es ist absolut sicher und hat keinerlei Nebenwirkungen — außer, daß es beim nächstenmal leichter wird, nein zu sagen.

Du erinnerst dich sicher an die Geschichte von der Frau, die beim Ehebruch ertappt wurde und die man zu Christus brachte, um sie von ihm verurteilen zu lassen.

Natürlich verurteilte er sie nicht.

Oft wird zitiert, was er dann sagte: „Wer unter euch ohne Sünde ist, der werfe den ersten Stein." Keiner tat es.

Aber sein letztes Wort an diese Frau lautete: „Geh und sündige von nun an nicht mehr."

Porno

Die Pornographiehändler stecken eine ungeheure Energie in ihre Kampagne, die Gesetze gegen Schmutz und Schund revidiert zu bekommen. „Wenn wir uns mit demselben Eifer für soziale Zwecke eingesetzt hätten", schrieb die englische Autorin Pamela Hansford Johnson, „hätte Amerika heute seine Sozialversicherung, und England könnte wirtschaftlich auf eigenen Füßen stehen."

Sie schrieb dies in ihrem Buch *On Iniquity* (Von der Ungerechtigkeit). Es ist eine Dokumentation über einen jungen Mann und eine junge Frau, die unter dem Einfluß der Bücher von de Sade Kinder zu Tode quälten. Es sei in England schwierig, fügte sie hinzu, heute von Intellektuellen auf eine so einfache Frage wie:

„Kommen Menschen durch Pornographie zu Schaden?" eine nüchterne Antwort zu bekommen.

„Eine solche Frage bringt nicht selten eine Trotzreaktion hervor, wie die eines Kindes, das sein geliebtes, schmuddeliges Stoffkaninchen an die Brust drückt, von dem es sich unmöglich trennen kann."

Selbstverständlich sind die Pornographieproduzenten nicht im Geschäft, um uns im Leben weiterzuhelfen. Sie tun es für ihren Profit — ihren dicken Profit — oder um uns zu manipulieren.

Während der Besetzung Polens durch die Deutschen wurden die polnischen Buchhandlungen bewußt mit pornographischer Literatur überschwemmt, um auf diese Weise den Widerstandsgeist aufzuweichen.

„Wir müssen die Leute dazu bringen, dem Publikum Theaterstücke vorzusetzen, die sexuell noch viel waghalsiger sind", schreibt die italienische kommunistische Zeitung *Cinema Documenta*. „Regisseure und Schauspieler solcher Stücke sind wie Termiten, die freiwillig und ohne Gehalt für uns arbeiten, indem sie die Grundlagen der Gesellschaft zerfressen."

Die Pornographen behaupten, Pornographie sei unschädlich, weil:

1. Bücher überhaupt keine Wirkung auf Menschen ausüben,

2. Bücher über Sex und Gewalttätigkeit den Sextrieb und die Aggressivität in uns auf harmlose Weise abbauen.

Diese Argumente können nicht beide wahr sein. Sie sind faktisch beide falsch. Bücher wie die *Bibel*, *Das Kapital* und *Mein Kampf* haben einen ungeheuren Einfluß auf Menschen ausgeübt — zum Guten oder zum Bösen.

Wenn die Theorie des Abbaus der Triebe richtig wäre, müßte man jedem deutschen Kind nur *Mein Kampf* zu lesen geben. Und Amerika hätte heute die wenigsten Gewaltverbrechen der Welt. Denn im Durchschnitt hat jedes amerikanische Kind bis zum Alter von vierzehn Jahren bereits 18.000mal Mord und Totschlag im Fernsehen gesehen.

Aber das schlimmste an der Pornographie wie auch an der Onanie ist, daß sie uns so vollständig selbstbezogen macht — und das ist falsch in einer Welt, in der andere Menschen unsere Hilfe so verzweifelt nötig haben.

Geld

Auch Geld kann ein Rauschgift sein. Man drängt, man droht, man besticht, man betrügt, um zu Geld zu kommen.

„Ich will mehr, mehr, mehr", schreien die meisten unter uns, und das Motto „ich will genausoviel wie die andern" ist zu einer skrupellosen Lebensart geworden.

Viele junge Menschen revoltieren, protestieren und steigen am Ende aus der Hetzjagd der Wohlstandsgesellschaft aus.

Doch das Problem ist nicht der Wohlstand, sondern die Art, wie wir ihn selbstsüchtig ausnutzen.

Und die Antwort für uns alle heißt, an die Bedürfnisse anderer Menschen und Länder zuerst zu denken, anstatt an unseren Komfort, unser Konto und unsere Karriere.

Geld — oder Besitz — können wir entweder zusammenraffen und selbst gebrauchen und behalten. Oder wir können es als anvertrautes Gut betrachten und zum Wohle anderer einsetzen.

Es gibt in der Welt genug für die Bedürfnisse aller, aber nicht genug für ihre Gier.

Macht

„Macht kann Menschen korrumpieren — und totale Macht korrumpiert total."

Wir alle erkennen das an einem Stalin oder Hitler, und manchmal sagen wir das auch von

Politikern, die wir nicht mögen. Aber so weit brauchen wir gar nicht zu suchen!

Der Psychologe Adler betrachtete den Willen zur Macht als die stärkste Motivation im Menschen. Machtgier kann Eltern, Kapitalisten, Gewerkschaftsführer, Studenten und Lehrer genauso leicht verderben wie Politiker.

Der Drang, andere Menschen zu beherrschen, sei es in einer Nation oder einer Familie, wächst oft aus der Angst. Wenn wir die anderen freigeben, fürchten wir, daß sie uns etwas nehmen oder etwas antun. Andere unterdrükken macht Unterdrückte und Unterdrücker klein.

Die Macht des Establishments hat viele Kinder gezeugt: „Schwarze an die Macht", „Studenten an die Macht", „Arbeiter an die Macht".

Wenn Mächte zusammenstoßen — oder wenn alle Macht zerstört wird — ist Anarchie die Folge.

Die Antwort darauf ist, daß alle Menschen die Autorität Gottes akzeptieren. Als weise Lenkung gibt sie die Selbstdisziplin, die wir brauchen, und die Freiheit, nach der wir uns sehnen.

Haß

Ein berühmter farbiger Erzieher in Amerika sagte: „Niemand soll mich so sehr erniedrigen, daß er mich dazu bringt, ihn zu hassen."

In Wirklichkeit können wir unmöglich die Menschheit lieben, wenn wir jemanden, auch nur einen einzigen Menschen, hassen.

Haß vermehrt sich schnell; er hat Millionen Kinder.

Wenn wir nach Frieden schreien oder für Gerechtigkeit demonstrieren, indem wir Haß gegen eine andere Gruppe, Rasse oder ein anderes Land schüren, werden wir nicht unbedingt Frieden oder Gerechtigkeit erreichen. Wir riskieren vielmehr, eine Kettenreaktion des Hasses in Gang zu setzen, die sehr schwer aufzuhalten ist.

Aber wir müssen die Ungerechtigkeit beseitigen. Und der Ausbeutung ein Ende machen — ob von Schwarzen durch Weiße, von Braunen durch Schwarze, von Arbeitern durch Unternehmer oder die Ausbeutung irgendeines Menschen durch einen anderen.

Imperialismus ist Unrecht, wo immer er herkommt — ob aus London, Washington, Moskau oder Peking.

Unterdrückung im Namen der Religion ist nicht weniger grausam als die Unterdrückung durch Diktaturen der Rechten oder der Linken.

Wir sollten diese Dinge hassen. Wir sollten sie tatsächlich viel mehr hassen. Wir sind viel zu gleichgültig, wenn es um das Leiden anderer Menschen geht.

Wir müssen die Ungerechtigkeit so sehr hassen, daß wir sie nicht nur in der Gesellschaft angreifen, wo wir ihre Früchte sehen, sondern im Menschen selbst, wo sie ihre Wurzeln hat.

Und das heißt: zuerst in uns selbst.

Freiheit

Was soll man tun, wenn man seinen Haß nicht überwinden kann? Wie kann man davon frei werden?

Vor diesem Problem stand der Mann, der mehr als jeder andere zu einem Katalysator des neuen Lebens wurde, von dem in diesem Handbuch die Rede ist — Frank Buchman.

Er hatte in Philadelphia ein Heim für arme Jungen gegründet. Jungen sind hungrig, und das Essen ist teuer. So dachten zumindest die sechs Geschäftsleute im Vorstand dieses Heims. Sie gaben Buchman Anweisung, weniger fürs Essen auszugeben. Er weigerte sich und legte sein Amt nieder. Er ging verbittert davon mit dem Gefühl: diese Männer haben mein Lebenswerk zerstört.

Buchman kam nach Europa. „Die Reise war schön. Das Schiff war schön. Der einzige Ärger war nur, daß ich mich selbst noch bei mir hatte", sagte er später. „Die Inseln der Ägäis schwammen im Sonnenlicht vorbei. Aber ich konnte an nichts anderes denken als an diese sechs Männer. Ich knirschte mit den Zähnen und schwor mir: das werde ich ihnen nie verzeihen."

Dann hörte er eines Tages in England eine Frau über das Kreuz Christi sprechen. „Zum erstenmal sah ich mich selbst mit all meinem Stolz, meiner Selbstbezogenheit, meinem Versagen, meiner Sünde. *Ich* stand im Zentrum meines Lebens. Wenn ich anders werden wollte, mußte das große *Ich* durchkreuzt werden. Ich sah meine Ressentiments gegen diese Männer wie Grabsteine in meinem Herzen stehen. Ich bat Gott, mich zu ändern, und er gab mir Weisung, die Sache mit ihnen ins reine zu bringen. Ich gehorchte und schrieb sechs Entschuldigungsbriefe. Mir war zumute, als ob diese Briefe mit Blut geschrieben würden. Danach konnte ich niemanden mehr hassen."

Was für Haß gilt, gilt auch für Drogen, Alkohol und andere Gewohnheiten, von denen ein Mensch gefangengehalten wird. Sobald er frei ist, kann die Kraft Gottes ihn auch davor bewahren, der Versuchung wieder nachzugeben.

Du kannst nicht verhindern, daß dir die Vögel über den Kopf fliegen – wohl aber, daß sie in deinen Haaren nisten.

Keine Bomben mehr

Kann diese Macht nicht nur innerlich zerrissenen Menschen, sondern auch zerrissenen Volksgruppen Lösungen bringen?

Im Frühjahr 1967 reiste ein Fernsehreporter von Rom nach Südtirol, um über den zunehmenden Konflikt zwischen der deutschen und der italienischen Volksgruppe zu berichten.

Dieser Konflikt hatte bereits 50 Jahre lang geschwelt – seit dem Ende des ersten Weltkrieges, als dieses Gebiet Italien zugeteilt wurde.

Bombenanschläge und Sprengstoffattentate machten Schlagzeilen. Der Fernsehreporter sah, daß die Bahnlinien von italienischen Fallschirmjägern bewacht wurden. Bozen, die Hauptstadt Südtirols, wimmelte von Uniformen. Er interviewte Persönlichkeiten beider Volksgruppen und ihre Anhänger.

Er stellte fest, daß beide Seiten – und oftmals die Fraktionen innerhalb der einzelnen Gruppen – einander die Schuld zuschoben; beide Seiten entschlossen, nicht nachzugeben, aber doch erfüllt von dem heimlichen Wunsch nach einem Ende der Gewalttaten.

Der Journalist dachte: „Du sollst hier mehr tun, als über die Auseinandersetzung zu berichten. Du kannst mithelfen, sie zu beenden."

Er brachte Politiker beider Volksgruppen dazu, miteinander jenes revolutionäre Zentrum in der Schweiz zu besuchen, wo Madame Laure ihren Haß verloren hatte. Dort begannen sie die gleiche Erfahrung zu machen. In den nächsten Monaten kamen sechs weitere Gruppen von Südtirolern und Italienern dorthin.

„Nach der Rückkehr der Südtiroler und der italienischen Politiker habe ich eine Änderung an ihnen bemerkt", erklärte der Bischof von Brixen und Bozen, Dr. Josef Gargitter, im Juli 1969. „Sie sprachen plötzlich Dinge aus, die ich nie zuvor aus ihrem Munde gehört hatte."

Im November 1969 wurde das Südtirolpaket zur Erweiterung der Autonomie Südtirols von der Südtiroler Volkspartei angenommen; seither ist es von den Parlamenten Österreichs und Italiens ratifiziert worden.

Die Mailänder Zeitung *Il Giorno* schrieb am 8. Mai 1971: „Aus jenen Konferenzen in Caux kam der neue Geist, der eine wirksame Lösung der Probleme Südtirols ermöglichte."

Der britische Premierminister Heath erklärte im BBC-Fernsehen, dieses Abkommen habe ihm die Hoffnung gegeben, daß auch der Konflikt in Nordirland beigelegt werden könne.

JEDERMANNS CHANCE

Der Generationenkonflikt

Diese Revolution ist für jeden, für alle Lebensalter.

Sie löst den Generationenkonflikt.

Heute halten wir uns selber gerne für erwachsen und möchten, daß die ganze Welt zum Beispiel in der Frage der Rassenvorurteile erwachsen würde.

Sind wir nicht verrückt, daß wir im gleichen Augenblick, in dem wir darum kämpfen, die Menschheit über die Rassenstreitigkeiten hinauszuheben, einen Kampf zwischen den Generationen führen?

Daß die Alten gegen die Jungen sind oder die Jugend gegen die Erwachsenen oder die Lehrer gegen die Schüler, ist genausowenig nötig wie der Kampf zwischen Weißen und Schwarzen.

Wir stehen vor Problemen, die die vollständige Zerstörung der menschlichen Gesellschaft bedeuten können. Sie anzupacken, erfordert das beste Denken, das stärkste Engagement, die Energie und Erfahrung von Menschen jeden Alters.

Alte und Junge werden überrascht sein, wie befriedigend es ist, miteinander zu arbeiten.

Wenn die ältere Generation nicht mehr denkt, daß sie immer recht hat, und aufhört, die Jugend zu kritisieren, wird sie entdecken, daß junge Menschen wirklich eine neue Gesellschaft aufbauen und nicht nur die gegenwärtige zerstören wollen.

Wenn die junge Generation in ihr Änderungsprogramm auch ihre eigenen Fehler mit einbezieht, wird sie auch ein verhärtetes Establishment ändern können.

Schein und Wirklichkeit

Genau das entdeckte ein junger Engländer, als er kurze Zeit nach dem Zweiten Weltkrieg in Frankreich war.

Er hörte von einem besonders harten Unternehmer an der Spitze der französischen Textilindustrie: Robert Carmichael. Eines Morgens kam ihm der Gedanke: „Lade dich bei den Carmichaels zum Mittagessen ein, und höre mit ihnen einen Augenblick auf Gott." Er sagte sich: „Wenn dieser Mann anders wird, können die Arbeitsbedingungen von Hunderttausenden von Arbeitern verbessert werden."

Er hatte Carmichael noch nie gesehen. Aber er rief ihn an und ließ sich von ihm einladen.

Während der Mahlzeit sprachen sie über die Lage in Europa und besonders in Frankreich.

Der junge Engländer meinte, daß geeinte Familien wie Ecksteine des Wiederaufbaus in Europa sein könnten und daß darin Frankreich eine Rolle zu spielen habe.

Nach dem Essen schlug er vor, einmal ein paar Minuten still zu bleiben und auf Gott zu hören. Carmichael und seine Frau waren entschieden nicht begeistert, aber ihre neunzehnjährige Tochter und deren Cousine holten sofort Bleistift und Papier.

Die Mädchen schrieben wie wild. Als sie gefragt wurden, was sie zu sagen hätten, sprachen sie offen über ihre Ressentiments gegenüber den Eltern, die Art, wie sie bevormundet wurden, und über die fromme Unwirklichkeit zu Hause.

Die Eltern hatten auch ein paar Gedanken aufgeschrieben, die sie bis dahin nicht zu sagen gewagt hatten, zum Beispiel wie die Mädchen das Haus als Hotel benutzt hatten.

Der junge Mann verabschiedete sich und dachte: Was habe ich da wohl angerichtet?

Aber als jeder der vier sich seiner eigenen Fehler bewußt wurde, veränderte sich manches. In die Familie kehrten Freude und Freiheit ein. Was wie ein Generationenkonflikt ausgesehen hatte, war im Grunde eine Frage der Ehrlichkeit.

Diese Aufrichtigkeit wirkte ansteckend auf

eine seiner Fabriken. Belegschaft und Direktion sprachen sich offen über ihre wahren Motive aus. Das ermöglichte es ihnen, Streitfragen miteinander zu klären.

Zusammen mit anderen Unternehmern und Gewerkschaftlern der Textilindustrie erarbeitete Carmichael neue Tarifverträge für 7000 Fabriken mit 648.000 Arbeitern, die damals zu diesem Industriezweig gehörten. Als Ergebnis sind, abgesehen von zahlreichen anderen Verbesserungen, die Reallöhne der Textilarbeiter in den letzten 17 Jahren jährlich um 3,3 bis 5 Prozent gestiegen.

Nach den Worten von Maurice Mercier, dem früheren Generalsekretär der französischen Textilarbeitergewerkschaft *Force Ouvrière*, wurden diese Vereinbarungen erzielt „ohne einen Schrei des Hasses, ohne eine verlorene Arbeitsstunde, und ohne einen Tropfen Blut zu vergießen".

Familien

Schaut man auf die heutigen Ehescheidungsziffern, so fragt man sich: Kann die Familie in der modernen Gesellschaft überleben? Die eigentliche Frage ist: Kann die moderne Gesellschaft ohne die Familie überleben?

Wie wir gesehen haben, tat nach der russischen Revolution der Staat alles, um die Familie zu zerstören. „Und doch“, schrieb Maurice Hindus, „blieb die Familie bestehen. Ihre Wurzeln wurden niemals zerstört. Scheidung wurde erleichtert, und Abtreibungen konnten beliebig vorgenommen werden. Und dennoch verliebte sich die überwältigende Zahl russischer Menschen weiterhin, heiratete und blieb verheiratet. Befreit von dem Zang zur Familie, den ihre Großväter gekannt hatten, entschieden sie sich in eigener Wahl, die vorväterliche Sitte des Familienlebens fortzuführen.“

Es ist eine Tatsache, daß das Familienleben eine Hölle sein kann. Es kann aber auch ganz toll sein. Das Problem ist nicht die Familie als Institution, das Problem sind die Menschen in ihr.

Tausende von Familien erproben die Ideen dieses Handbuches im täglichen Leben.

Wenn Gott der Chef von jung und alt ist, dann hören die Eltern auf zu kommandieren, und die Kinder erpressen die Eltern nicht mehr mit ihren Launen, um ihren Willen durchzusetzen.

Fliegt die Heuchelei zum Fenster hinaus, dann hören auch die Streitigkeiten auf.

Die Karikatur ist nur zu wahr, welche zeigt, wie Vater und Mutter an ihrer Zigarette, an ihrem Glas und am Fernsehen kleben und ihrem rebellischen Sprößling sagen: „Wir brauchen keine Drogen, mein Lieber, wir haben ja ein so anregendes Leben.“

„Tu, was ich sage, und nicht, was ich tue“, ist ein ziemlich wackliger Standpunkt.

Aber wenn jeder in der Familie aufrichtig seine eigenen Fehler zugibt, entsteht eine völlig neue Atmosphäre. Es macht Spaß, zusammen zu sein, und der echte Wunsch, anderen zu helfen, findet seine Erfüllung.

Selten bleiben Familien einig — und glücklich — wenn sie sich hauptsächlich um Einigkeit und Glück bemühen. Aber wenn alle beschließen, eine veränderte Welt zu ihrem Lebensziel zu machen, entstehen Einigkeit und Glück für sie und andere sozusagen als Nebenprodukt.

In einem solchen Unternehmen ergänzen sich jung und alt, Mann und Frau. Von den Älteren kommt Lebensweisheit und Erfahrung, und die Jungen bringen eine gesunde Herausforderung an alteingesessene Meinungen und Ansichten.

Das ist für Familien die selbstverständliche — wenn auch oft noch nicht akzeptierte — Art des Lebens.

Wir kennen Dutzende von Ehen, in denen eine Scheidung vermieden wurde, weil einer oder beide Partner ihren Teil Schuld auf sich nahmen und eine neue Liebe füreinander fanden.

Wir kennen noch keine Ehe, die von Anfang an auf dieser revolutionären Basis aufgebaut wurde und dann zerbrochen wäre. Im Gegenteil, die Ehe wird reicher und schöner, je länger sie währt.

Es ist wie bei den Carmichaels — ist eine Idee zu Hause erprobt, so läßt sie sich auch in der Industrie und überall sonst anwenden.

UND NUN DU

Der Kampf um eine neue Gesellschaft ist in Wirklichkeit ein Kampf um die Änderung von Menschen — angefangen bei uns selbst.

Es ist die interessanteste Art zu leben und kann den Lauf der Geschichte in eine neue Richtung lenken. Es ist ein Teil des Kampfes zwischen Gut und Böse, der in jedem einzelnen Menschen ausgefochten wird.

Was spricht dagegen, sofort in diesen Kampf einzusteigen?

Für einen Neuanfang brauchst du nicht viel Zeit — nur so viel, wie du brauchst, um eine Entscheidung zu treffen.

Dann kannst du anfangen, andere dafür zu gewinnen.

Du wirst finden, daß gerade deine neuesten Erfahrungen die anderen am meisten interessieren. Und wenn du eine Konzeption und Pläne für eine veränderte Welt hast, wird es sie faszinieren.

Laß deine Freunde — und Feinde! — deine Lehrer und Professoren, deine Familie, deinen Bürgermeister und deinen Parlamentsabgeordneten, die Lokalpresse, Fernsehen und Rundfunk an deinen Plänen Anteil haben, und bitte sie um Vorschläge und Hilfe.

Triff dich regelmäßig mit denen, die wie du diese Ideen verwirklichen und im Lande bekannt machen wollen.

Erarbeitet miteinander, was absolute moralische Maßstäbe bewirken, wenn man sie auf nationaler und internationaler Ebene anwendet.

Zum Beispiel:

Was würde durch absolute Ehrlichkeit mit unseren Steuergeldern geschehen? Ein schwedischer Finanzexperte sagte, daß die Steuern dort um 25 Prozent gesenkt werden könnten, wenn jeder sie ehrlich bezahlte. In Frankreich wären es 30 Prozent.

Was würde in den heutigen Tarifverhandlungen geschehen? Was auf den internationalen Konferenzen? In der Schule? Bei Prüfungen? Im Parlament?

Würde absolute Liebe einen Unterschied machen bei der Behandlung der Armen, der Alten, der Gastarbeiter? Was wäre ihre Auswirkung auf Terror und Gewalttaten?

Absolute Reinheit. – Könnten für dringende Fälle die Krankenhausbetten frei werden, die jetzt durch Abtreibungen belegt sind? Was würde absolute Reinheit für zerrüttete Familien und für ein verpfuschtes Leben bedeuten?

Gibt es einen Zusammenhang zwischen dem Mangel an absoluter Selbstlosigkeit und der

Kluft zwischen reichen und armen Nationen, dem Fehlen preisgünstiger Wohnungen, der Arbeitslosigkeit, der Inflation und der bedrohlichen Umweltverschmutzung?

Nutzt alle möglichen Mittel, um mehr Menschen zu erreichen: Filme, Theaterstücke, Lieder, Sketches, Schulversammlungen, öffentliche Meetings.

Manchmal stößt man auf Widerstand. Viele Menschen möchten nicht gestört werden. Andere stecken im moralischen „Sumpf" — wer herausgekommen ist, ist für sie eine Herausforderung.

Manche verstehen es falsch — andere verstehen es nur zu gut, weil sie selber für sich und für die Welt Zukunftspläne haben, die sie durch diese Ideen bedroht fühlen. Sie wollen die menschlichen Schwächen für Geld oder Macht oder ihre eigene Ideologie ausnützen.

Was immer der Grund dafür ist: Opposition gibt uns die Gelegenheit zu sagen, worauf es uns ankommt. Opposition ist oft ein Zeichen, daß man ins Schwarze getroffen hat.

Und Gegner, die aufrichtige Revolutionäre sind, können durch unsere Leidenschaft für ein größeres Ziel gewonnen werden.

Durch neue Menschen zur neuen Gesellschaft

Zu dieser Revolution durch die Änderung der menschlichen Natur stoßen heute Kämpfer in den Bergen Nordostindiens, auf den Inseln des südlichen Pazifik, im industrialisierten Westen und in den Dörfern des Fernen Ostens, in Schulen und Familien, in Universitäten und Parlamenten.

Diese Revolution hat Terror beendet, Kriege verhindert, Leid und Ungerechtigkeit beseitigt, Nationen ohne Blutvergießen zur Unabhängigkeit verholfen und verfahrene Situationen in der Industrie überwunden.

Ein neuer, selbstloser Menschentyp ist im Werden.

Wir haben euch hier nur ein wenig davon berichten und nur einige unserer Gedanken mitteilen können.

Wir hoffen, daß ihr uns eure Ideen schreiben werdet. Ihr könnt euch an uns wenden und von uns Informationen beziehen, die ihr über Bücher und Filme haben möchtet. Unsere Anschriften stehen auf der nächsten Seite.

Hier ist die Chance für jedermann, die Geschichte mitzugestalten.

Die Zukunft wird von der Entscheidung jedes einzelnen abhängen.

Gemeinsam könnten wir die größte aller Revolutionen auslösen.

Dieses Buch wurde verfaßt von den beiden englischen Autoren Sydney Cook und Garth Lean, Mitarbeitern der Moralischen Aufrüstung. Mitbeteiligt waren viele Menschen verschiedenen Alters, verschiedener Nationalität und Herkunft, die sich in ihren Ländern für eine permanente Revolution im Sinne dieses Handbuches einsetzen.

Zuschriften und Anfragen an folgende Adressen:

„Das Schwarz-Weiß-Buch“

Postfach 20 07 35
D–56 Wuppertal 2

Hegelgasse 19/7
A – 1010 Wien

Weltkonferenzzentrum
Moralische Aufrüstung
CH – 1824 Caux – sur – Montreux (Schweiz)

STIMMEN zum SCHWARZ-WEISS-BUCH, zu CAUX und zur MORALISCHEN AUFRÜSTUNG

Aus „CAUX-Information" vom 4. 8. 1973:

„Das Schwarz-Weiß-Buch ist mir bekannt, und ich bin überzeugt, daß es in der deutschsprachigen Welt einen großen Einfluß haben wird.

Schon bevor ich nach Caux kam, habe ich Bücher und Artikel über die Moralische Aufrüstung gelesen. Doch seit ich hier bin, weiß ich, daß das theoretische Wissen weit entfernt ist von dem, was ich gesehen und erfahren habe. Ich hatte in Caux viele Kontakte und Gespräche, und ich nahm an Zusammenkünften teil. Sie haben mich sehr beeindruckt. Caux ist die Schule, in der man lernen kann, was Moralische Aufrüstung wirklich ist. Wenn ich nach Wien zurückkehre, werde ich von dieser Bewegung sprechen, denn Katholiken müssen die schlafenden Christen aufwecken und sich für eine bessere Welt und moralische Aufrüstung einsetzen.

Ich glaube, wenn sich diese Bewegung über die ganze Welt ausbreitet, wird sie eine sehr wichtige geistige Kraft sein für eine bessere Welt, und ich will Ihnen dabei helfen."

S. E. Kardinal Dr. Franz König

„Es spricht das aus, worauf ein paar Millionen ehrliche Leute schon seit Jahren gewartet haben."

„Evening News", London

„Es ist das richtige Mittel, um die revolutionäre Flamme des neuen Menschen in Lateinamerika zu entzünden: es bringt die positive, überlegene Alternative für heldenhafte Guerillakämpfer, für einen dekadenten bürgerlichen Kapitalismus und für alle Menschen guten Willens, die unsere heutige Gesellschaft verändern wollen."

Ehemaliger Guerilla, Peru

„Die Bergpredigt schimmert durch seine Seiten hindurch." *Erzbischof Copas, Papua-Neuguinea*

„Klar und eindringlich schildert es, worauf es ankommt." *„Die Presse", Wien*

„Es gibt kein In-den-Wolken-Schweben, kein Gefasel, keine Zweideutigkeiten oder Nebensächlichkeiten in seinen 70 Seiten. Es behauptet, über Sex, Drogen und Probleme im Familienleben unserer Zeit einen revolutionären Standpunkt zu vertreten — und tut es auch."

„New Zealand Tablet",
katholische Wochenzeitung, Neuseeland

„Wenn jedermann dieses Buch liest und seine Botschaft beherzigt, wird das Leben weit mehr Sinn haben."

Jim Beggs, Präsident der Hafenarbeiter,
Melbourne

„Man erhascht darin einen Blick auf das Embryo einer neuen Gesellschaft, die sich gründet auf eine Umwälzung der Motive und des Verhaltens, weit radikaler als es die meisten für möglich zu halten wagen."

„PI", Studentenzeitung,
London University

„Seit Jahren das Bedeutendste, was die Christen in Europa auf ideologischem Gebiet unternommen haben.“

Maurice Mercier,
von 1947 bis 1972 Generalsekretär der französischen Textilarbeitergewerkschaft (Force Ouvrière)

„Ich suchte eine Lösung für die wirtschaftlichen und sozialen Ungerechtigkeiten in der Welt. Beim Lesen des Schwarz-Weiß-Buches ging mir auf, daß keine Revolution ohne eine solide moralische Grundlage auskommen wird. Das Buch gab mir Hoffnung, ein Lebensziel und einen Glauben an Gott.“

Studentenführer,
University of East Anglia

„Eine wertvolle Sammlung mutiger Versuche zur Versöhnung auf verschiedenen Gebieten des öffentlichen und privaten Lebens.“

Rev. Gilbert Baker, Hongkong,
anglikanischer Bischof

„Ich bin im Gefängnis. Nicht zum ersten Mal, aber mit Gewißheit zum letzten Mal. Ich bekam das Schwarz-Weiß-Buch zu lesen. Ich will auch mitwirken an all diesen gesunden Ideen.“

Zuschrift aus einem deutschen Gefängnis

„In den Kapiteln über Kommunismus, Sex und die Schule wird eine neue Linie vertreten, zum Beispiel: Wir wollen eine Welt, in der kommunistische und nichtkommunistische Nationen ihre Fehler zugeben und gemeinsam den Aufbau einer gerechten Gesellschaft in die Hand nehmen.“

„The Guardian“, London